AF357057

CONTRE

LE PROJET DE LOI

DE S***.M***.,

PORTANT DÉFENSE

D'APPRENDRE A LIRE

AUX FEMMES,

Par une Femme qui ne se *pique* pas d'être Femme de lettres.

A PARIS,

Chez {
OUVRIER, Libraire, rue Saint-André des-Arts, N°. 41.
BARBA, Libraire, Palais du Tribunat

AN IX. 1801.

CONTRE

LE PROJET DE LOI

DE S***. M***.

Un téméraire a paru, qui a voulu que les femmes fussent ramenées au simple état de nature, et fussent dépouillées de toute instruction. Il a prétexté du retour aux mœurs et à la vertu. Jean-Jacques avant lui, dans un tour de force, qu'on a plus admiré qu'applaudi, avait prétendu que les Lettres et les Arts avaient corrompu les hommes et leur avaient été plus nuisibles qu'utiles. Ainsi les

A

femmes, comme les hommes, ont éprouvé les mêmes traitemens de deux philosophes différens.

Le caractère connu du philosophe qui vient d'écrire contre l'instruction des femmes, a donné lieu de penser que ce ne pouvait être qu'une plaisanterie qu'il avait voulu faire par son projet de loi. Aussi n'a-t-on fait que sourire à l'idée de ce projet. Pourtant, comme beaucoup de personnes, plutôt par contrariété que par inimitié contre la gloire des femmes, pourraient vouloir prendre à la lettre tout ce qu'il aurait dit, et chercher à tracasser, d'après lui, les femmes sur leur instruction, que ce serait une sorte de poison qu'il aurait alors répandu dans la société, et un ferment de discorde qu'il y aurait jeté, on a pris le parti de

réfuter ce qu'il y avait de plus spé-
cieux dans son projet, pour ôter aux
contrariants les raisons et les sophis-
mes qu'ils y auraient été puiser. — On
ne s'est point occupé des choses in-
signifiantes, ou qui n'étaient que
des vérités triviales, pareilles à celles
qui se trouvent dans le premier
considérant.

Si la nécessité de l'instruction
pour les femmes comme pour les
hommes, n'était point aussi bien sen-
tie et reconnue qu'elle l'est, on se
serait appliqué, dans un discours
préliminaire, à la démontrer. Mais
c'eut été perdre son tems et son travail, comme il arriverait si l'on voulait s'attacher à prouver la nécessité de la lumière pour la nature.

On verra si les raisons du philosophe sont bien plausibles, et s'il

ne devrait pas lui-même retirer son projet de loi.

———

Avant de passer aux considérants du projet de loi, il y a une observation ou une question à faire sur la note qui termine la dédicace.

Après avoir prévenu qu'il ne répondrait aux injures que par son silence accoutumé, l'auteur a dit : *des injures ne sont point des raisons.*

Ne pourrait-on point envisager tous ses considérants comme autant d'injures contre les femmes , et conclure qu'on ne devrait point y répondre, par cela seul que , des injures ne sont point des raisons ?

En effet, n'est-ce point une injure gratuite faite à la moitié du genre humain , que de prétendre démontrer que l'ignorance est une vertu qu'elle doit avoir par-dessus tout ?

Mais si cette moitié éprouvait l'injustice d'une loi aussi absurde, qu'en résulterait-il ? qu'elle tomberait d'abord dans l'esclavage, et que bientôt elle y entraînerait l'autre.

—Dans un poëme, qui passera sans doute à la postérité la plus reculée, l'auteur du projet de loi a dit :

« A l'école du tigre, un homme osa s'instruire :
» Plus fort que son semblable, il lui donna la loi ;
» Mit la main sur sa gerbe, et dit elle est à moi.
» Pour rentrer dans son champ, le faible usa d'adresse,
» Suivi de ses voisins que son sort intéresse,
» Il court au ravisseur, et le faible est vengé ».

Mais lui, à quelle école a-t-il appris à nous mettre sous la dépendance absolue et despotique de l'homme, par fois plus terrible que le tigre ? la raison et *une bonne édu-*

cation nous disent que nous devons être soumises à l'homme que la nature et les lois nous ont donné pour protecteur : le bon ordre exige que nous le regardions ainsi. Mais quand nous n'aurons de pensée que celle qu'il nous aura communiquée ; que les jeunes filles, comme l'auteur le veut, ne pouront *lire que dans les yeux de leur père*, à qui les embarras de la vie donneront souvent un regard soucieux et sévère, ce livre ne sera-t-il pas bien plus dangereux qu'un roman moral, où, *quand la vertu y est bien peinte et les personages intéressans, la jeune fille qui le lit, s'identifie avec la famille qui figure dans le roman,* ainsi que je l'ai entendu dire moi-même à l'auteur ?

Par une suite de l'orgueil qui caractérise le sexe masculin, l'auteur s'écrie : « Les hommages que le *pre-* » *mier sexe* s'est fait une habitude » de rendre à l'autre, ne sont point » adressés au savoir des femmes, » mais seulement à leurs grâces ». Il avait dit encore avec plus d'élégance :

De tous les arts Pallas est mère :
Pallas pourtant n'eut pas le prix :
Vénus qui ne savait qne plaire
Le reçut des mains de Pâris.

Mais Pallas ne fut pas prise avec son amant dans les filets de Vulcain ; et Vénus qui plaisait à tous, mit le trouble dans l'Olympe. Peut-être que si elle eut cultivé les arts et les sciences, Mars n'aurait pas imprimé la honte sur le front de son époux.

Hélène était belle et ignorante : sa *beauté, ses grâces* furent cause de l'embrâsement de Troie. Clitemnestre, sa sœur, moins belle, mais plus instruite, enflamma le courage de son époux pour venger l'honneur de son frère. Elle devint, hélas! criminelle quand l'orgueil d'Agamemnon lui fit oublier les conseils qui avaient contribué à sa gloire. Alors les décrets immuables du destin s'accomplirent ; mais Clitemnestre eut au moins, pour colorer son crime, le prétexte de l'injustice.

« *Marguerite de Navarre savait* » *lire et elle fut galante* ». — Il est vrai, mais elle ne troubla point la France : elle passa sa vie à cultiver les lettres après sa chûte du trône, qu'elle ne perdit que parce que le grand *Henri n'était pas un philosophe*.

Combien serait dangereuse cette

maxime · *Vénus ne savait que plaire !*
Combien elle démoraliserait les mères
qui ont conservé assez de raison pour
vouloir que leurs filles , dans l'âge où
les roses seront flétries, et où les rides
auront pris la place des lys , puissent
par leur instruction , captiver l'esprit de leurs époux , parce que leurs
grâces éclipsées ne pourront plus les
retenir. L'auteur aurait dû, à la suite
de son projet de loi , indiquer un endroit , où *les vieilles femmes* , où
celles disgraciées de la nature seraient
reléguées , car assurément l'instruction ne venant pas les consoler de
la perte de leurs charmes et de l'injustice de la nature, l'envie qui s'éta-
blit près de notre berceau, leur sug-
gérerait le dessein de troubler le bonheur des jeunes et des belles. Ah !
oui, c'est dans cet endroit, mes-
dames , qu'il faudra demander que

l'auteur soit relégué. Nous verrons si il se plaira beaucoup dans la société de ces idiotes. Non, bien sûrement. Et le projet de loi qu'il a rêvé, comme VOLTAIRE rêva un jour *ses visions de Babouc*, n'aura pas plus d'effet que les projet de l'ANGE ITURIEL pour détruire PERSÉPOLIS. NOUVEL ITURIEL il a eu de l'humeur de voir des femmes monter en chaire et prêcher contre la philosophie, d'autres faire des discours sur la diplomatie, et, comme ce St. Ange, il a voulu prendre une mesure effrayante : Puissé-je, moi, comme BABOUC, lui prouver que, parce que toutes les femmes n'auront pas le bon esprit, ce serait une tyrannie que de les condamner toutes à l'ignorance.

VOYONS SES MOTIFS.

« Considérant qu'une jeune fille

» perd de sa fraîcheur du moment
» que la science y touche, du mo-
» ment qu'un maître en approche»...

Il est un moyen éficace pour éviter
ce malheur.

J'ai été la première à blâmer la
fréquence des maîtres auprès de jeunes filles ; mais dans un sens opposé
à l'auteur : je blâmais les maîtres,
mais je voulais qu'on y substituât des
maîtresses. Je voulais que les mères
fussent assez instruites pour n'être
pas forcées d'avoir recours à des
mains étrangères, pour les soins et
l'éducation de leurs enfans. Ce sont
ces tendres et faibles créatures qui
demandent et exigent les soins de
leur mère : les premières impressions,
a dit Jean-Jacques, se prennent au
berceau ! Eh bien quelle impression
donnera une ignorante ? Combien

d'hommes , même de génie , en ap-
prochant du terme de la vie , ont
repassé dans leurs esprit avec une
sorte de complaisance les premiers
momens de leur enfance ! La vieil-
lesse et l'enfance se touchent ; leur
imagination affaiblie se ratache aux
préjugés de leur nourrice , ils se
rappellent avec jouissance des jours
où ils se croyaient heureux ; et le
terme de leur vie obscurcit la gloire
qu'ils avaient acquise dans l'âge viril.

A quoi attribuer cette faiblesse ?
A la première éducation. Une mère
instruite inspirera à son fils l'amour
de la patrie , l'observation exacte des
devoirs de l'homme dans la société.
Qui , plus qu'elle , sera intéressé à ce
que son fils jouisse de l'estime de ses
concitoyens ? Une femme instruite
apportera-t-elle moins d'ordre et d'é-
conomie dans l'administration de sa

maison ? au contraire , l'esprit naturel dont elle est douée , se trouvant
fortifié par une bonne instruction ,
lui fera remplir ses devoirs avec
plus de plaisir , que la femme *brute*
qui ne les remplit que par instinct
et point par sentiment. La gloire , ce
stimulant de toutes les grandes ac-
tions ne la touchera point; elle filera
pour se vêtir ; comme l'araignée tend
sa toile afin d'attraper des mouches
pour se nourrir.

« Considérant combien une femme
» qui ne sait pas lire est réservée dans
» ses propos ».

J'ai vécu long - tems dans un
département éloigné de Paris ; j'y
ai souvent rougi des propos indécens
que l'innocence ignorante répétait
sans en tirer la moindre conséquence;
enfin j'ai vu de jeunes hommes humi-
liés des discours de leurs sœurs.

Celles-ci placées par la nature aux mêmes rangs qu'eux, n'auraient pu être admises à la société de femmes qui, sans être prudes, aiment à s'entretenir dans les termes que la décence prescrit. J'ai moi-même tenté de corriger une de ces intéressantes créatures, élevée dans le vieux château de son père : J'y ai perdu mon tems.

Chassez le naturel, il revient au galop.

La sœur de celle dont je parle, plus instruite, est aujourd'hui mère de six enfans qu'elle a élevés elle-même, et qui font la gloire de leur famille ; tandis que l'autre a épousé un honnête rustre de son village, et que ceux-ci ne transmettront à leurs descendants que l'ignorance dont on les a enveloppés.

« Considérant que le joli babil

» des femmes dédomagera avec usure
» de l'absence de leur style ».

J'ai suffisamment réfuté ce considérant par ce que je viens de dire. J'ajouterai seulement, qu'ainsi que l'auteur le dit lui-même, la nature nous ayant *pourvues d'une prodigieuse aptitude à parler*, une ignorante ne sachant où s'arrêter, et n'ayant jamais rien d'intéressant à communiquer, ennuira bientôt.

Les bons ménages ne sont rares que parce que l'éducation des femmes a été trop négligée. Si l'instruction venait à être interdite aux femmes, combien les hommes seraient malheureux ! Semblables aux animaux à qui l'organe de la parole est refusé, ils ne considéreraient leurs compagnes que lorsque les besoins de la nature les rapprocheraient. Rien, d'après le projet de loi, en faveur du moral , et tout pour le physique. Mais le physique embrasse-t-il , peut - il remplir tous vos momens ? Il vous faudra donc , dans les entr'actes de vos jouissances, aller , comme le taureau , ruminer dans la prairie , ou comme le chien fidèle à son maître , mais ingrat envers sa femelle , abandonner votre épouse ; car , n'en doutez pas , du moment où vous n'aurez d'autres jouissances avec votre compagne que celle de l'animal , tous les liens de la société seront rompus : vous deviendrez tout au plus comme les nègres qui vendent leurs enfans sans regrets : les mères seules s'y opposent quelquefois , mais seulement quand ils sont encore dans l'âge où leurs soins sont nécessaires à leur conservation. Elles sont absolument parlant, comme une Lice qui pleure

ses

ses petits quand ses mamelles sont pleines , et quelles la font souffrir ; mais qui débarrassée de cette incommodité , oublie qu'elle est mère et méconnaît ses enfans.

« Considérant que le rôle de
» l'homme est d'instruire et de pro-
» téger , etc. , etc. »

Mais instruire qui? Ses fils donc , puisque vous condamnez les femmes à la plus abjecte ignorance. Ah ! craignez que le désespoir ne s'empare de ce sexe faible , si vous le réduisez à un tel état d'avilissement : frémissez qu'il ne prenne la résolution , ainsi que certaines hordes de sauvages , d'étouffer ses filles dans leur berceau. Si les femmes me consultaient , je leur donnerais l'avis contraire ; il vaut bien mieux punir l'auteur des maux , que ses victimes.

Homme injuste, combien vous *ra-
valez* celles à qui vous devez le jour,
et bien plus que cela, le bonheur.

La conjugaison du verbe *amo*,
j'aime, a occasionné, dites-vous,
beaucoup de chûtes. Seront-elles plus
rares quand nous ne saurons pas le
conjuguer ? Non assurément, vous
voulez nous reporter à la brute nature ; eh ! bien, allez visiter quel-
ques-uns de nos villages, voyez la
jeune paysane, venant d'écouter un
long sermon, serrer la main de son
amant en sortant du temple, et s'é-
garant dans les bois avec lui. Là,
sans aucune notion de pudeur, de
décence, elle suit l'impulsion seule
de la nature, elle devient mère sans
en connaître les devoirs; et souvent
délaissée par son séducteur (qui pas
plus instruit qu'elle, n'a aucune idée
du juste et de l'injuste) elle est obli-

gée de quitter son village pour se sous-
traire à l'infamie : sans ressources ,
sans moyens d'existence , elle est
forcée de grossir la foule des cour-
tisanes.

Voilà où mène l'ignorance !

Mais au contraire , une mère instruite inspirera de bonne heure à sa
fille l'amour de la science, elle saura
lui mettre sans cesse sous les yeux des
histoires où la vertu triomphant de
la séduction , reçoit la récompense
de cette lutte douloureuse. Une jeune
fille instruite saura se prémunir contre
les attaques d'un suborneur; une ignorante succombera sans efforts ; une
jeune fille instruite saura modérer ,
même corriger les défauts de la nature ; l'ignorante les laissera voir dans
toute leur laideur.

Mademoiselle de Gournay, la fille d'alliance de *Montaigne*, ne se corrigea pas, dites-vous.

Une exception ne fait pas loi.

Sénèque et Burrhus élevèrent Néron, et Néron fut un monstre. L'éducation ne corrige pas toujours la nature. Il n'en faut pas pour cela tirer la conséquence qu'il ne faut point donner d'éducation à la jeunesse.

« Considérant les risques que court » l'innocence d'une jeune fille livrée » aux leçons d'un grammairien peu » sage, etc., etc. »

Vous avez raison, *législateur*, un homme n'aura jamais assez de vertu pour enseigner une jeune et jolie personne, sans lui faire courir les plus grands risques.

Tous ces inconvéniens sont prévus

par le conseil que je donne aux mères d'instruire elles-mêmes leurs filles. Je ne sais pas même si je serais très-fâchée qu'une jeune fille eût été trompée par son maître, afin qu'elle préservât la sienne de pareil accident ; c'est un malheur de l'humanité, mais on a vu rarement prendre des moyens pour éviter le mal : ce qui serait pourtant bien plus avantageux que de faire des lois pour le punir. C'est donc du mal même que nous devons attendre notre bonheur. La belle Cadière fut séduite en allant (à ce qu'elle croyait) faire une bonne action. Les mères prudentes et qui avaient *un peu lu* les philosophes , n'envoyèrent plus leurs filles à des séducteurs , la morale fut substituée aux cérémonies fanatiques , et l'on ne vit plus se renouveler des scènes aussi scandaleuses.

C'est en lisant de bons ouvrages que les femmes douées (ne vous en déplaise) d'une solide raison , se sont convaincues qu'il était inutile pour être épouse vertueuse , et mère tendre , de jeûner un quart de l'année , d'en passer le second dans les temples , et le troisième à ne rien faire. Si les femmes n'eussent pas su lire, la supertition les maîtriserait encore ainsi que leurs enfants. Leurs pères retournant aux préjugés de l'enfance , feraient retentir les voûtes des temples (qui seraient encore tous existans) d'anathêmes contre les philosophes et les fondateurs de la république. O Voltaire , Voltaire ! que dirais-tu , si tu voyais aujourd'hui *le projet de loi* , toi qui étais si content quand on t'assurais que les marchandes de la rue Saint - Denis lisaient tes jolies romans et tes facéties, et qui t'écriais : tant mieux ! C'est par les femmes que la raison entrera dans la tête des hommes.

Avez-vous donc oublié, législateur, ce précepte saint : *bien heureux les pauvres d'esprit, le royaume des cieux leur appartient.* Eh bien ! rendez-nous ignorantes, ce royaume nous appartiendra ; mais vous à votre tour, en deviendrez les souverains.

« Considérant combien la lecture
» est contagieuse. Sitôt qu'une femme
» ouvre un livre elle se croit en état
» d'en faire ;

» Et femme qui compose en sait plus qu'il ne faut.
MOLIERE. . . . »

C'est bien là une contradiction de l'auteur : Jeanne d'ARC, a-t-il dit, ne savait pas lire, et elle fut un héros. Et, dans une très-jolie chanson, qui se trouve à la fin de la Femme Grenadier, il met les romans de la femme qu'il chante, au - dessus des hauts-faits de l'héroïne.

« L'art d'aimer d'Ovide n'a rien » appris aux femmes ».

Je le crois, j'en suis sûre même , le doux plaisir d'aimer ne s'apprend pas. Mais n'est-ce pas des femmes que vous avez appris l'art de plaire ?

Le berger Silvain, dans son joli dictionnaire d'amour , avait bien moins d'humeur que le législateur.

Silvain amusait en instruisant : il disait *que ce ne serait pas guérir les femmes de leur amour-propre , que de leur dire* tout ce qu'elles inspirent. Il n'était pas en colère alors contre les femmes *auteurs* , et ne s'écriait pas :

« Combien il est choquant dans le
» langage, ainsi qu'en morale, d'être
» obligé de donner aux femmes des
» qualifications masculines, telles
» que *mademoiselle est auteur, ma-*
» *dame est amateur,* ou bien,

» Les femmes *beaux esprits*
» N'ont pas un bon esprit.

S.....

Voilà comme s'exprime le législateur. Et le berger, quand il voulait plaire, écrivait ainsi :

« Sexe né pour le bonheur de
» l'autre, de vous dépend la destinée
» d'une génération entière ». *Alors
il ne pensait pas, il ne voulait pas
que la génération future fut ignorante et parconséquent esclave.*

« Vous avez en votre pouvoir le
» mobile le plus puissant sur le cœur

» humain , il ne tiendrait qu'à vous
» d'opérer la plus heureuse révolu-
» tion , et il n'y a peut-être que vous,
» que vous seules qui puissiez la ten-
» ter avec succès sans en abuser ».

D'autres tems , d'autres mœurs , le
berger voulait plaire , et, le législateur ne veut qu'enchaîner.

« Soyez nos juges et distribuez les
» couronnes sans partialité , et avec
» dicernement ».

La partialité est la compagne de
l'ignorance. Berger Silvair , pour qui
le Dictionnaire d'Amour, quand les
femmes ne sauront pas lire?

Vous disiez aussi dans ce tems là
au mot flateur, *sans l'amour il n'en
aurait peut-être jamais existé.*

A coup sûr vous n'êtes plus amou-
reux.

(27)

« Considérant que pour l'ordinaire
» une femme perd de ses grâces et
» même de ses mœurs , à mesure
» quelle gagne en savoir et en ta-
» lents ».

Quel sophisme ! quoi ? l'instruction
peut perdre les mœurs ! n'avons nous
pas mille exemples que l'ignorance
est contraire aux mœurs. Ce serait me
répéter inutilement. Une pareille assertion ne mérite pas d'être refutée.

« Considérant que la cause supri-
» mée, l'effet tombe de lui même ;
» ainsi les femmes ne sachant plus
» lire, ne nous offriront plus le risi-
» ble travers de ces diplomates fém-
» melles qui, du fond d'un Boudoir,
» le *Publiciste* à la main , disposent
» des Empires , font la part aux rois ,
» aux républiques, etc. »

Au lieu d'un projet de loi , faites comme Molière une bonne comédie , vous n'aurez plus de diplomates femelles , ni de femmes savantes , mais des femmes instruites pour le plaisir de l'être , sans faste et sans orgueil : vous aurez des femmes lisant Montaigne et la *Maison rustique* ; Voltaire , et l'*Art d'apprendre à filer la laine* ; Jean - Jacques et Parmantier pour la *culture des pommes de terre* ; Helvétius et la *Cuisinière économe* ; Plutarque et l'*Art de la manipulation du pain* ; Hume et l'*Éducation des bêtes à laine* ; la philosophie de Newton et la *science d'une bonne fermière*.

« Considérant que les femmes les
» mieux instruites, les plus savantes
» n'ont jamais enrichi les Sciences et
» les Arts d'aucune découverte ; qu'il
» n'y a jamais eu de femmes *inven-*

» *trices*, dit Voltaire dans ses Ques-
» tions encyclopédiques; que l'inven-
» tion de la gaze n'est pas même due
» à une femme ».

Cette frivolité ne fait pas honneur
à son auteur.

Je rougirais d'avoir imaginé une
nouvelle parure; mais je me glorifirais
d'avoir imaginé une manière écono-
mique de faire le pain, dans les tems
désastreux que nous avons passés.
J'aurais de l'orgueil d'avoir soigné,
conservé et nourri des abeilles pen-
dant la saison la plus rude, d'avoir
fait de bon pain avec de mauvaise fa-
rine de sarazin, d'avoir sémé, récolté,
tillé, et filé le lin destiné à vétir mon
époux et moi, d'avoir soigné mes bes-
tiaux et fait d'excelents fromages,
n'ayant reçu qu'une éducation de
Ville. Pour tout cela un homme
n'aurait aucune capacité.

Eh bien ! je l'ai vu faire à une femme qui sait lire, et quelquefois écrire.

« Considérant que presque tou-
» jours quand les femmes tiennent
» la plume, c'est un homme qui la
» taille * * * * (1) ».

Oui, quand elles veulent allumer les torches du fanatisme et prendre le bonnet de docteur, politiquer et discuter la Théologie, censurer les philosophes et encenser leurs détracteurs ; mais une femme sensible n'a besoin que de consulter son cœur quand elle voudra peindre le sentiment.

____

(1) Pas toujours. Ségrais voulut en vain s'approprier le joli roman de Zaïde (de madame de Lafayette).

Serait-ce l'envie qui vous aurait suggéré votre projet de loi? L'envie peut être tolérée dans un petit esprit, mais *le hardi* penseur de son siècle n'a pas besoin d'emprunter ce vice pour faire briller son génie : le rossignol n'est pas jaloux du gazouillement de la fauvette, la simple violette se cache au pied du chêne altier, qui la protège de son ombre.

« Considérant que les femmes in-
» sistéraient envain d'apprendre à
» lire, puisque *Duguesclin* lui-
» même, connétable de france, et
» le plus grand homme de son siècle,
» ne savait ni lire ni écrire ».

L'auteur du projet de loi n'a sans doute pas oublié qu'à cette époque les prêtres s'étaient réservé le privilège *exclusif* de la science, et qu'un grand seigneur en passant des actes, déclarait ne savoir signer *at-tendu sa qualité.*

Le Grand Frédéric savait lire , et *bien écrire*, et fut aussi grand homme que *Duguesclin.* Il fit plus que lui, il fonda en Prusse des maisons d'éducation. Mais outre qu'il était un *grand homme d'état,* il fut aussi un grand philosophe.

Considérant ce proverbe hébreu :

« Toute l'habilité d'une femme est » dans sa quenouille ; »-et ce proverbe français :

« Femme sage
» Reste à son ménage ».

Les femmes des Hébreux étaient condamnées à l'ignorance ; il y en a beaucoup, même aujourd'hui, qui ne savent point lire. Il n'est donc pas étonnant

étonnant que le proverbe consacra leur savoir dans leur quenouille.

Le proverbe français :

« Femme sage
« Reste à son ménage ».

N'exclut point l'instruction ; au contraire, une femme qui saura bien employer les heures, trouvera facilement le tems nécessaire pour s'instruire, le goût de la science l'empêchera de se livrer à la dissipation, on la verra moins dans les spectacles, jamais au bal, elle s'interdira les promenades publiques, parce qu'elles la distrairont de ses réflexions morales ; elle choisira les champs pour faire prendre de l'exercice à ses enfans, tout sera pour elle observation ; l'instruction lui fera considérer avec admiration les beautés de la nature,

C

tandis que l'ignorante verra renou-
veller le printems, lever l'aurore avec
indifférence.

« Considérant la solidité de ces pa-
» roles de *Fénélon* :

» Les filles qui ont de l'esprit s'éri-
» gent souvent en savantes et en
» précieuses ; elles lisent tous les
» livres qui peuvent nourrir leur va-
» nité, etc.; etc. »

L'esprit, *le bon esprit*, guérit de
la vanité, *le bon esprit* garantira la
femme instruite d'être une femme
savante et précieuse.

Les plus grands génies, ont eu
de fausses idées, et *Fénélon* n'en n'a
pas été plus exempt qu'un autre.

« Considérant ce passage considé-
» rable de la première *Encyclopédie*.

(35)

» On pourrait douter si l'étude des
» lettres ne coûte point aux femmes
» un peu d'innocence ».

Je ne connais pas tous les auteurs
qui ont coopéré au grand travail de
l'*Encyclopédie*, mais si par hazard
cet article se trouvait être fait par
un homme d'église, cela ne rentre-
rait-il pas dans cet axiôme Chrétien :
bien heureux les pauvres d'esprit, etc.
Et la joie de Voltaire quand il disait :
*Les femmes rendront les hommes rai-
sonables*, n'explique-t-elle pas le
doute jeté, très-*jésuitiquement*, que
la *science perd l'innocence des
femmes* ?

« Considérant que *Desmathis* a
» dit d'après les anciens : La gloire
» d'une femme est de vivre *ignorée* ».

Il se serait bien gardé d'ajouter

et de rester ignorante. Une femme a tort d'afficher le savoir, mais elle doit en avoir : c'est certainement cela que *Desmathis* a entendu, en disant qu'elles devaient rester ignorées. La conséquence que vous tirez de ces paroles est une suite de la *déraison* du projet.

« Considérant de quel poids est cette » autre citation de *Michel Montaigne:*

» La plus utile, la plus honorable » science d'une mère de famille est la » science du ménage. »

Sans contredit : mais l'un n'exclut pas l'autre ; et je soutiens qu'une femme qui saura *bien lire* apprendra bien plus rapidement à son fils, cette science (que vous réservez exclusivement aux hommes), qu'un maitre impatient et dur, qui dégoûte faci-

lement l'enfance du besoin de s'instruire. C'est sans doute cette raison
qui a déterminé Jean-Jacques à con-
seiller de ne commencer l'éducation
qu'à sept ou huit ans, cet âge pouvant déjà être susceptible d'un peu
de raison, et pouvant compenser les
avantages de la science avec les désa-
grémens de l'étude.

Ce mal est encore réparé si la mère
sait lire; en jouant, elle l'apprendra
à son fils : un bonbon , une prome-
nade , sera la récompense de la con-
naissance d'une lettre , d'un mot. Cela
encouragera son fils bien d'avantage
que la crainte *de la férule* ou des
reproches acerbes du maître *Morose.*

« Considérant la valeur de ce mot
» de St. - Évremont :

» On se défend d'une savante ,

» mais on ne se défend point d'une
» femme : on a quelqu'estime sèche
» et stérile pour la capacité de l'une ;
» mais le cœur s'allume pour les agré-
» mens de l'autre ».

Quel abus de l'esprit ! et comment peut-on , avec du bon sens , faire un *troisième* sexe exprimé par le mot *de femme savante*? Quelle singulière distinction St. Évremont fait *d'une femme savante* et d'une femme !

« Odeur de saint se sentait à la ronde.
VOLTAIRE.

« Considérant en outre l'autorité
» de ce passage , tiré de la *Biblio-*
» *thèque des Femmes* :

1759 in-12.

» Par-tout les lois en réservant aux
» hommes la plume et l'épée, ont

» semblé borner le sexe aux soins du
» ménage ».

Ce sont les hommes qui ont fait les lois : il était naturel qu'ils se partageassent avantageusement. Cependant cela pourrait peut-être venir d'une réflexion judicieuse (quoi qu'il n'y soient pas sujets) : les soins et les embarras du ménage ne convenaient point à leur caractère altier et peu conciliant. Pour bien régir un ménage, il faut de l'aménité et de la constance (ce ne sont pas les vertus *masculines*).

La nature nous ayant consacrées à la régénération , nous eussions été mal placées dans les camps. Tout a donc été ordonné pour le mieux et pour le bonheur et la félicité de tous.

Mais par ces dispositions , on n'a

pas exclu l'instruction. Une femme instruite sera économe dans son ménage : elle aura l'art de paraître faire beaucoup et de peu dépenser ; une ignorante n'aura que de la parcimonie, et fera rougir son mari quand ses amis viendront le visiter ; les devoirs de l'hospitalité seront religieusement observés par la femme que l'instruction aura guéri du vice *naturel* de l'égoïsme, elle saura offrir sans humilier celui qui reçoit.

La femme sans instruction, égarée par l'*ignorance*, refusera avec aigreur ou donnera *brusquement*, en faisant sur-tout valoir le prix de son don.

« Considérant ce qu'Homère mit
» dans la bouche de Jupiter, s'a-
» dressant á Vénus :

» Contentez-vous des jeux, des ris

» et des appas : présidez aux amours...

(Illiade V.)

.... Mais n'étudiez pas !

» Pourait-on ajouter en générali-
» sant la citation et en l'appliquant
» à toutes les femmes ».

Vénus était une déesse ; les ans, les siècles ne pouvaient altérer la beauté de cette immortelle.

Mais les femmes qui *à trente ans* ne sont (à ce que disent certains hommes) plus dignes des hommages, que feront-elles ? Vous sentez, législateur, la nécessité de leur assigner un lieu de retraite.

Vous citez encore le continuateur d'Homère :

« Renoncez, dit-il, a un dessein

» dont l'exécution surpasse vos for-
» ces, et reprenez dans l'intérieur
» de vos maisons, et les toiles et
» les ouvrages propres à votre sexe ».

Vous eussiez dû ajouter que *Quin-tus* (traduit par le citoyen Tourlet) leur donne ce conseil quand *la fatale beauté, les grâces et l'ignorance* d'Hélène avaient réduit les troyens au désespoir, et que le fer des grecs ayant moissonné leurs plus vaillants guerriers, les femmes, animées par le saint amour de la patrie et de la liberté, avaient résolu de vaincre leur timidité et leur faiblesse pour se mêler avec les combattants, préférant une mort glorieuse à une captivité déshonorante. Mais, pour de bonnes raisons, vous n'avez pas voulu citer tout ce passage ; la fin détruisant votre assertion, vous eussiez été obligé de convenir que le courage était aussi une de nos vertus, d'autant plus estimable en nous qu'il est plus réfléchi , qu'il n'éclate que dans les grandes circonstances , et pour servir de stimulant au votre.

Certes , les Troyenes qui conçurent le généreux projet d'opposer aux Grecs un bataillon de guerrières , valaient beaucoup mieux *que la belle et gracieuse* Hélène, cause de tous leurs maux. Elles craignirent la servitude; donc , elles n'étaient pas ignorantes.

L'ignorance et la servitude sont faites pour rendre méchans et malheureux.

Voilà les principaux motifs du projet de loi; voyons ses dispositions: Nous n'en discuterons pareillement que les principales.

En conséquence, passant sous silence les deux premiers articles, qui sont oiseux, nous nous occuperons de suite du troisième.

« La raison *veut* que chaque sexe
» soit à sa place et s'y tienne ».

« La lune et le soleil ne luisent point
» ensemble.

S . . .

L'auteur ne dit pas si c'est la femme qu'il désigne par le soleil. Cela serait assez dans l'ordre. Les dons qu'elle a reçus de la nature, relevés par une bonne *instruction*, et fortifiés par de sages *lectures*, lui donnent un éclat qui peut souffrir *l'allusion*.

« La raison veut que l'on dispense
» les femmes d'apprendre à lire, à
» écrire, à imprimer, à graver, à
» scander, à solfier, à peindre, etc.

Dispenser n'est pas défendre , et par ce mot *dispenser*, ne semblez-vous pas annoncer que votre projet de loi est une dérision. Une loi ordonne , et *ne dispense pas.*

« La raison veut , etc.

» Les femmes sont nées pour être aimables *et vertueuses.*, et non pour devenir des virtuoses et des savantes ».

Une belle idiote est-elle aimable ? Les grâces n'ont-elles pas besoin d'être soutenues par les talens , qui restent quand les grâces n'existent plus que dans le souvenir. Ce sont ces souvenirs qui sont terribles chez une femme ignorante ; rien ne la console de la perte de sa beauté : sans attraits et sans instruction , elle termine sa carrière , n'ayant pour compagne que l'ennui ; son époux, par un penchant involontaire même à l'homme sensé et raisonnable, va chercher l'amusement ailleurs que dans sa maison ; la solitude la plus affreuse est le lot de la femme ignorante. Dépourvue des charmes de la jeunesse, elle n'a d'autre ressource que de *calomnier* celles qui sont jeunes et belles. Sachant *lire*, elle trouverait des jouissances dans l'étude, et se consolerait même de l'abandon de son époux.

« La raison veut que les maris
» soient les seuls livres de leurs
» femmes ; livres vivans, où nuit et
» jour elles doivent apprendre leurs
» destinées ».

Elle est jolie cette destinée ! Mais aussi combien *cette raison là* est déraisonnable ! Si monsieur est *un bourru* ; il faudra que madame soit *acariâtre*. N'avons-nous pas, au con-traire de cette *belle* maxime, cent exemples que des épouses sensibles, bien élevées et instruites, ont corrigé leurs maris des défauts dont les femmes en général ont corrigé la société. Ce n'est plus que dans l'inté-rieur de leurs maisons que ces mes-sieurs se laissent aller à leur pen-chant naturel. La douceur de leurs épouses les ramène insensiblement, et le public les croit d'*excellens maris* et des hommes aimables. --- Si les femmes n'avaient point d'autres livres que *les yeux de ces tendres époux*, ce serait bien là le cas de dire qu'elles se sont gâtées le cœur et abruti l'es-prit par de mauvaises lectures.

« La raison *veut* que les femmes
» n'apprennent point à lire aux as-
» tres : qu'elles comptent les œufs

» de la basse cour , et non les étoiles
» du firmament ».

Cette raison prouve par cet article qu'elle n'a pas le sens commun. Si la femme destinée à recueillir les œufs de la basse cour *ne sait pas lire aux astres* , sa basse cour sera déserte : les tems de la *couvaison* ne seront point calculés , les précautions contre la foudre ne seront point prises même quelques heures avant qu'elle vienne frapper et électriser trop fortement ces volatilles prêtes à jouir de la lumière. --- Une femme qui ne saura pas lire , traira sa vache comme sa mère la trayait , et en tirera un mince profit : une femme instruite , au contraire , et *sachant lire* , la soignera , lui donnera les alimens propres à prévenir les maladies , dont la moindre tarit le lait, et elle en

tirera

tirera un grand produit, parce qu'elle aura *lu* la manière de la bien soigner.

« La raison n'approuve pas les » femmes qui assistent aux leçons » de chimie, etc. , etc. »

Elles ne doivent en effet savoir de chimie que pour apprendre que c'est à cette science que l'on doit de ne plus croire aux feux folets, aux revenans, aux lumières mystérieuses qui apparaissaient subitement, lumières produites par le phosphore.

Si la jeune Louisa de ***, habitante du Languedoc, eût connu l'effet du phosphore, elle n'eût point consenti à se trouver la nuit dans l'endroit le plus reculé du jardin de son père, où un séducteur effronté abusa de son innocence ; l'effroi qu'il lui

clusa avec des vêtemens paraissant
en feux, et les menaces qu'il lui
fit en cas de refus, lui livrèrent sa
victime. Plus instruite, elle eut évité
ce malheur, qui a fait et fait encore
le tourment de sa respectable mère.

« Il n'y aura plus de maîtresse
» d'école, cette qualification a quel-
» que chose de pédantesque ».

J'y consens; cela forcera les mères
à instruire elles-mêmes leurs filles.

« La raison veut que toute fille
„ de bonne maison, avant d'obte-
» nir un mari fasse preuve de talens
» utiles ».

Dans lesquels talens sera compris
la manière de bien élever et instruire
leurs enfans, et de ne leur donner
à *lire* que des livres de morale qui

puissent garantir les filles sur - tout
de la séduction des hommes.

« La raison ne conseille à per-
» sonne de choisir pour époux et
» compagne la fille d'une femme let-
» trée ».

Le bonheur, les bonnes mœurs,
le commandent impérativement : la
fille d'une femme *lettrée* aura reçu
de l'instruction, et élévera sa fille
convenablement. Les mœurs, le commandent par les raisons que j'ai
détaillés contre les séductions *faciles*
auprès d'une ignorante.

« Dans Rome ancienne, quand
» une nouvelle mariée posait le pied
» sur le seuil de la maison maritale,
» on lui demandait :

« Que savez-vous ?

» Elle ne répondait pas : *je sais
» lire , je sais écrire , je sais pein-
» dre , etc. etc. etc.*

» Elle disait simplement , je sais
» filer.

» La raison *veut* que l'on renou-
» velle cet ancien usage.

» Les bons usages ne devraient ja-
» mais passer de mode ».

A des préceptes qui n'ont pas reçu
toute l'extension possible , on peut
toujours ajouter. Or, les hommes ont
mangé du gland avant de connaître le
froment ; les femmes ne savaient que
filer avant qu'on se fut convaincu
de la nécessité d'y ajouter l'instruction pour le bonheur de leurs époux:
une femme doit savoir *lire , écrire ,
coudre , filer ,* tenir avec économie

son *ménage :* les maris se trouveront aussi bien de cette *amélioration* dans l'éducation des femmes, que de la culture du froment substituée au gland.

« La raison veut qu'une femme
» soit aussi réservée à montrer en
» public les trésors de son esprit,
» que les charmes secrets de la beauté.

Cet article est le seul *raisonnable* que la *raison* ait voulu. Peut-être, en examinant dans la société celles qui ont le moins cette réserve, trou-vera-t-on que ce sont les *ignorantes* qui sont coupables de ce travers.

« La raison veut que les femmes,
» absolument étrangères aux misé-
» rables disputes des prêtres, s'en
» tiennent à *la religion du cœur* et ne
» confessent leurs fautes qu'aux au-

» teurs de leurs jours, ou à leurs
» maris , etc. »

Une femme sensée s'occupe peu
de métaphysique ; la religion qu'elle
professe et *qu'elle enseigne* est celle
où l'on respecte les mœurs *et le sa-*
voir. Elle se gardera bien de suivre
sans réflexion *la religion du cœur,*
quoique l'on répète souvent : « Les
écarts de l'esprit ne sont pas ceux du
cœur ».

Le cœur, chez une jeune femme,
décide souvent du bonheur ou du
malheur de sa vie.

« La raison *veut* que désormais il
» soit permis aux courtisannes , *seu-*
» *lement*, d'être femmes de lettres ,
beaux esprits et virtuoses ».

L'auteur du projet de loi , a voulu
singer Henri IV , qui permit à toutes

*les filles de joie de porter des cein-
tures dorées.* **De** là est venu le proverbe : *Bonne renommée vaut mieux
que ceinture dorée.* Henri IV avait
besoin qu'on économisât l'or, de-
venu rare après des guerres désas-
treuses. Il savait que les femmes,
même courtisannes, s'abstiendraient
d'en porter, pour ne pas afficher l'ab-
négation de toute pudeur. L'or fut
épargné, et l'on fabriqua plus de mon-
naies, qui rendirent l'abondance.

Mais ici le vouloir de la raison n'a
pas de sens. Une courtisanne (au
tems où nous vivons) a très-peu ou
point de savoir. Nous n'avons plus de
Ninon, d'Aspasie, de Thaïs ; nos courtisannes d'aujourd'hui n'écriraient
que dans un style que les lois et les
mœurs réprouvent. Il n'en résulterait
donc point ce bien (pour la décence)
que produisit l'ordonnance de Henri
IV pour ses finances.

« La raison veut que les femmes
» s'abstiennent * * * de la science des
» cartes à jouer, et de l'art de tirer les
» cartes ».

Une femme instruite sera con-
vaincue qu'il est impossible de lire
dans l'avenir. C'est l'instruction qui
corrige. Depuis que les femmes ont
su lire, on n'a plus *brûlé de sor-
cier*, parce qu'elles n'y croyaient plus,
et qu'elles n'en faisaient plus peur
à leurs enfans, qui même devenus
hommes, conservaient le préjugé de
l'enfance. --- Examinez encore aujourd'hui les femmes qui vont chez
les nécromanciennes ; entendez-les
parler, et vous pourrez juger de leur
instruction.

« La raison permettra aux femmes
» l'usage des livres, quand les anges
» seuls se mêleront d'en composer.

» Pourquoi (dit une maxime chi-
» noise) ne pas apprendre à lire aux
» femmes ? --- *Parce qu'il y a de*
,, *mauvais livres* ».

Une femme sage et instruite saura
choisir les lectures de sa fille, et ne
la laissera libre pour ce choix que
quand sa raison , fortifiée par de
bons principes, lui permettra de
discerner *le bon* d'avec *le mauvais*.
D'ailleurs, messieurs, les mauvais
livres sont faits par vous ; abstenez-
vous d'écrire des sottises, c'est le
seul moyen qu'on n'en lise pas. Une
femme peut faire un livre ennuyeux,
mais jamais il ne sortira de sa plume
rien contre la décence et les mœurs.

» La raison veut que ce projet,
,, pour devenir loi, obtienne la plura-
,, lité des suffrages : en conséquence,

,, un vase à scrutin sera ouvert
,, pour recevoir le oui , ou *le non des*
,, *chefs de maison , des pères de*
,, *famille et des hommes mariés* ».

Déjà commence le despotisme *masculin. Les victimes de la loi* sont exclues de voter : on ne leur permet pas même des *pétitions* qui démontreraient l'absurdité d'un pareil projet. Plus soumises que les hommes, les femmes obéiraient à la loi si elle était rendue ; mais le respect que l'on doit à tout être composant la société, ordonne qu'on écoute les observations.

Par le projet de loi tout est violé. Seulement *les pères de famille et les hommes mariés ! ! !*

Au Concile de Trente, les vieux prêtres votèrent pour le mariage, parce qu'ils avaient éprouvé que la société d'une femme honnête et *instruite* était précieuse.

Les jeunes s'y opposèrent, parce qu'ils commençaient à se relâcher des mœurs austères qu'imposait la religion, et qu'ils craignaient de rougir devant leurs compagnes.

Aujourd'hui que les mœurs sont pour le moins aussi dépravés, les jeunes mariés *qui voteront,* seront enchantés, en rentrant chez eux, de ne trouver qu'une ignorante incapable d'apprécier les désordres auxquels ils se livreront sans obstacle ; ils n'auront besoin que d'une *bonne servante* qui les soigne, leur obéisse aveuglément, et qui ne s'occupe que de *lire dans leurs yeux* leurs moindres desirs. Et ceux-là voteront pour le projet.

O tems ! ô mœurs !

Je ne sais si le rapport que l'on m'a fait est fidèle ; mais j'apprends à l'instant que la masse respectable des chefs de maison et des pères de famille ont écouté avec indignation le projet de loi proposé , et qu'à une immense majorité, ils ont décrété que, « attendu que le bonheur de leurs *fils* dépend de la moralité des filles qui deviendront leurs épouses , les mères seront tenues, d'apprendre aux filles, *à lire, écrire, chanter, coudre, filer, tricoter, tenir leur ménage avec économie*; que les quintidis et les décadis dans chaque arrondissement, il y aura une assemblée de mères de famille ; que plusieurs mères se réuniront avec leurs filles pour entendre la lecture des œuvres morales de nos meilleurs auteurs ; que là , à tour de rôle, une jeune fille sera *lectrice*, tandis que

les autres coudront, tricoteront, etc.;
que de retour chez soi chaque jeune
fille sera tenue de faire un extrait de
ce qui l'aura le plus frappée dans la
lecture ; que les extraits seront lus
à la première assemblée ; que ces extraits seront imprimés *aux frais de
l'auteur du projet de loi ;* qu'ils seront ensuite délivrés *gratis* à tous les
jeunes garçons , qui pourront choisir
celle qui annoncera plus de moralité et
de savoir. — Il est expressément dé-
fendu d'ajouter à ces extraits, aucune
note qui annonce que mademoiselle
telle , *auteur* de telle réflexion est
jolie , a des *grâces* et de la *richesse.*

Et il a été ordonné que , « attendu
que l'auteur d'un pareil projet de loi
ne pouvait avoir été inspiré que par
la folie , il serait envoyé au comité de
santé, où il serait traité aux frais de

ses partisans jusqu'à ce que la raison (qu'il a injuriée), lui fût re-
venue.

F I N.

www.ingramcontent.com/pod-product-compliance
Lightning Source LLC
LaVergne TN
LVHW022327170726
843503LV00006B/2750